Lk 1468.

NOTICE

SUR LES ÉVÉNEMENS

QUI SE SONT PASSÉS A BUCHY,

Les 29, 30 et 31 Juillet 1835,

ET

RÉPONSE

A LA TROISIÈME LETTRE DU SIEUR PROUX,

PAR

MM. BOBÉE ET L. FÉRANT.

ROUEN.

F. BAUDRY, IMPRIMEUR DU ROI,
rue des Carmes, n°. 20.

———

1836.

AVERTISSEMENT.

Si, en juillet 1830, Paris a eu ses trois glorieuses journées, Buchy n'est pas resté en arrière, et ses 29, 30 et 31 juillet 1835 pourraient être comparés aux 27, 28 et 29 du premier, si ses héros, après avoir sauvé la France et l'Europe d'une grande catastrophe, n'eussent préféré souiller leur gloire par la délation, plutôt que d'user de générosité après la victoire ; si surtout l'un d'eux n'eût poussé la haine et la vengeance jusqu'à poursuivre de ses injures et de ses calomnies deux des témoins qui avaient fait connaître à la justice le but et la fausseté d'une dénonciation qu'avaient dictée la cupidité et un esprit de vertige, bien plutôt que l'amour de l'ordre et des lois.

Attaqués deux fois, dans le journal *l'Écho*, par le sieur Proux, l'un de ces héros, pour les motifs que nous venons d'exprimer, nous avons répondu deux fois aux injures qu'il nous y prodiguait; mais ce journal ayant refusé de prêter une troisième fois ses colonnes au cynisme de son langage, le sieur Proux a cru devoir y suppléer par la publication d'un libelle auquel nous répondons aujourd'hui.

Nous espérons que le public nous saura gré d'avoir fait précéder notre réponse d'une notice renfermant des faits jusqu'alors inédits sur ces mémorables journées, dans lesquelles les sieurs Proux et De Manneville firent preuve d'un si grand dévouement, hélas! malheureusement méconnu, ou plutôt oublié; tant il est vrai que l'ingratitude n'est que trop souvent la récompense réservée aux actions des grands hommes.

NOTICE

Sur les 29, 3o et 31 juillet 1835,

A BUCHY.

—⁂—

On n'est point délateur, tant qu'on a dans l'ame
une ombre d'élévation, d'honnêteté, de dignité.

GIRARD.

Si la nature n'avait eu le soin de créer des li-
quides propres à faire surgir tout-à-coup des hommes capables de résister, dans certaines crises poli-
tiques, au torrent des factions, que fussent devenus
les gouvernemens! Quel eût été le sort de la France,
après l'attentat de Fieschi, et bien que la providence
eût préservé le monarque, si les fumées du vin,
jointes à celles de la bière et de l'eau-de-vie, n'eussent inspiré l'énergique dévouement, enflammé le
courage, développé toutes les ressources du génie
de MM. Proux et De Manneville ? Ah! c'en était
fait de la monarchie : l'Europe, de l'Océan au Bos-
phore, des Colonnes d'Hercule au pôle glacial, était
bouleversée ; car, sans les pierres dont le sieur

Proux avait eu la prudence d'armer ses mains, sans le courage qu'eut le sieur De Manneville, de pré-férer des coups de poings à un coup d'épée, la *République* était proclamée à Buchy.... Juste ciel ! où en étions-nous !

Qu'on se figure, alors, le bourg de Buchy érigé en République indépendante, ébranlant par la force de ses principes et de ses armées tous les états européens, renversant empires et monarques ! Qu'eussent fait les sieurs Proux et De Manneville, eux monarchistes en apparence si dévoués ? Eussent-ils versé leur sang pour la défense de leurs principes ? Qui sait, au contraire, si, comme tant d'autres caméléons, changeant alors subitement de dévouement et de conduite, ils n'eussent, dans leur essor ambitieux, brigué et obtenu les hon-neurs du consulat, ou l'un la présidence, l'autre l'administration financière ? Enfin, cela eût été possible ; les changemens d'allure sont fréquens chez certains hommes, et l'on voit des filoux bri-guer l'emploi de mouchards. Certes, leurs talens bien connus, leur génie politique eussent promis un avenir brillant à la nouvelle République. Alors, pendant que l'un, comme géomètre, eût fait, avec *égalité,* le partage des terres, l'autre, en adminis-trateur *économe,* eût veillé au bon emploi des deniers publics. La nature, à leur prière, eût changé ses lois : dès lors, plus de neige, plus de

gelée , plus de grêle , ni de frimats ; un soleil toujours pur eût fécondé la terre de ses rayons , les
moissons eussent été plus abondantes , le com-
merce , l'industrie dans une prospérité toujours
croissante ; les sciences, les arts portés à un tel
degré, qu'on eût découvert la pierre philosophale
et le mouvement perpétuel. Dans le jardin du pa-
lais consulaire eût serpenté un ruisseau dont les
eaux, chargées de paillettes d'or, comme l'eau-de-
vie de Dantzick , eussent tempéré l'excès d'ardeur
pour la chose publique , et étanché la soif toujours
vive du *citoyen* Proux , premier-consul ; un canal
creusé de la mer à Buchy , et alimenté par la bière
de Saint-Saëns, eût permis d'y apporter les produits
des deux mondes , surtout le délicieux *Cognac*, le
suave *Fil-en-quatre,* dont les chefs de l'état eussent
fait d'amples libations pour célébrer leurs triom-
phes et notamment l'heureux succès des spécu-
lations industrielles , agricoles et financières du
citoyen Manneville ; une police toujours active et
vigilante , taillée sur le système mis en œuvre par
les gouvernans , eût maintenu la tranquillité publique , surveillé les mouvemens des factieux ,
scruté même jusque dans les foyers domestiques;
la justice eût été rendue sans frais et avec impar-
tialité ; tous les rouages de la machine gouverne-
mentale eussent marché d'un commun accord ;
mais la gloire et la bravoure militaires inspirant du

dédain au premier personnage consulaire, le pays eût joui d'une paix profonde, en dépit des velléités belliqueuses des armées de la République; enfin, Buchy fût devenu la huitième merveille du monde !

Lecteurs, vous souriez, sans doute, à la possibilité d'une république à Buchy. C'est cependant ce qu'ont voulu faire croire les sieurs Proux et De Manneville. Consultez-les, et, bien qu'ils n'eussent point encore la prétention d'en être les chefs, ils vous raconteront, avec un sérieux imperturbable, comme quoi, le 29 juillet 1835, un voyageur qui, le matin, contemplait les ruines du Château-Gaillard, d'où il aurait aperçu le drapeau rouge, signal de la révolte, flotter sur les murs de la capitale, en partit subitement et accourut en toute hâte à Buchy, pays essentiellement démocratique, et dont il connaissait les dispositions, pour y proclamer la République et en faire une nouvelle Rome. Ils vous diront ensuite que ce moderne Brutus, qui n'était autre chose que la République elle-même déguisée en commis-voyageur, arrivé à Buchy, vers les trois heures du soir, y fut, sur la présentation d'un ami, admis au banquet patriotique, où il s'assit (admirez l'adresse et la perfidie !) précisément auprès du sieur De Manneville, et sous le regard scrutateur du sieur

Proux; banquet d'ailleurs où tout se passa fort bien,
grâce à leur présence. Ils ajouteront, du reste, qu'ils
sont certains , d'après des renseignemens puisés à
de bonnes sources, que telle était la mission qu'ils
firent échouer , et voici comment :

Le banquet terminé , M. De Manneville offrit
à ce voyageur un rafraîchissement ; or , *comme à
force de se rafraîchir on s'échauffe,* déjà les vapeurs
de la bière commençaient à monter à la tête, lors-
qu'on apprit l'attentat de Fieschi et ses funestes
résultats.

Alors, une discussion politique, qui dégénéra
bientôt en altercation, s'éleva entre le voyageur et
le sieur De Manneville. A la suite de la querelle ,
M. De Manneville fut provoqué en duel ; mais ,
préférant, par habitude, à l'épée dont on ne peut
tirer profit , le poing et la cravache , sans com-
prendre ce que plus tard on pourrait en tirer , il
rejeta avec dédain une proposition dont l'auteur
eût dû se dispenser , s'il eût connu les annales
du pays : témoins les artistes équestres, etc. *A bonne
entente, bon diseur.*

Pendant qu'au café le sieur De Manneville sou-
tenait ainsi la monarchie menacée , M. Proux , les
yeux sortis de la tête, la bouche écumante , une
pierre dans chaque main , courait partout après
la République qu'il ne rencontrait nulle part: mais,
ô bonheur inespéré ! — ce que c'est que l'empire

des émanations bachiques sur les destinées humaines!—il aperçoit, vers les neuf heures du soir, un individu qui soufflette le sieur De Manneville; il ne doute pas, dans son égarement, que ce ne soit là le fantôme qu'il cherche depuis long-tems, et aussitôt il lui lance avec fureur les pierres dont ses mains sont armées. A l'instant, le fantôme de la République, caché sous les habits du commis-voyageur, vaincu par la contenance ferme du sieur De Manneville, succombe, assommé par les pierres du sieur Proux : La République a vécu!!!... La Monarchie est sauvée!!! Et les habitans de Buchy ronflent paisiblement.

Mais ils ignoraient, ces trop confians citoyens, le danger qui les avait menacés.... La République avait circulé dans leurs murs!!!! Heureusement MM. Proux et De Manneville étaient là pour les en délivrer. Pourquoi donc en reconnaissance d'un aussi grand bienfait, ne leur a-t-on pas décerné, sur le champ, une couronne tout à la fois civique et murale? Ah! c'est qu'on ne le savait pas.

Maintenant que les faits sont devenus publics, pourquoi, ô vous potentats du Nord! n'accordez-pas vous des titres, des honneurs et des cordons au descendant d'une antique et noble famille? pourquoi ne répandez-vous pas l'or avec profusion dans les mains qui ont assommé le monstre qui

vous faisait trembler sur vos trônes? pourquoi
n'érigez-vous pas, en mémoire d'un aussi grand
événement, sur le lieu même où il s'est passé,
une colonne en bronze, sur laquelle on lise cette
inscription :

L'EUROPE RECONNAISSANTE

AUX SIEURS PROUX ET DE MANNEVILLE,

QUI,

L'UN A COUPS DE PIERRES,

L'AUTRE EN RECEVANT DES COUPS DE POINGS,

ONT TUÉ LA RÉPUBLIQUE

SUR CETTE PLACE,

LE 29 JUILLET 1833.

La mort de la République n'était pas un de ces
minces événemens qu'on dût, comme tant d'autres, laisser dans l'oubli. Aussi les deux assom-
meurs s'empressèrent-ils de se rendre de suite
chez un fonctionnaire public, afin de la faire con-
stater par un procès-verbal ; mais celui-ci, vu leur
exaltation mentale, et dans l'espoir que la nuit
leur porterait conseil, les ayant remis au lendemain,
peu s'en fallut qu'il ne fût, pour ce fait, signalé
par eux comme un partisan de cette République
que le délire de leur imagination leur retraçait sans
cesse.

Grâces à leur prudence et aux leçons de la veille,
la journée du lendemain fut calme et paisible ;
personne ne se fût douté que la République s'était

insolemment promenée dans le pays ; les brumes
alcooliques de *la Rochelle*, que la nuit avait dissi-
pées, n'enflammant plus le courage du sieur Proux,
il fut encore, toutefois, brave au moins comme un
agent de police : à la proposition d'un duel il s'écria
qu'on voulait l'assassiner, et il s'enfuit aussitôt de
son domicile, afin de se soustraire au grand péril
qui le menaçait.

Tant de zèle et de dévouement devait-il rester
inconnu ? Non assurément, et le moyen d'en in-
struire la France n'était-ce pas une dénonciation ?

Aussi, le 31, nos deux héros, *dans l'espoir que
cette dénonciation pourrait un jour leur être utile*,
mirent la main à l'œuvre et signalèrent à la justice
ce voyageur comme coupable d'avoir, étant dans
un lieu public, tenu des propos séditieux, puis
d'avoir osé porter une main sacrilége sur leurs
nobles personnes.

Comme on le voit, c'était une plainte assez
grave et qui pouvait mener le dénoncé sur les
bancs de la cour d'assises, si, lors de l'instruction,
de nombreux témoins n'eussent attesté la fausseté
des allégations des deux dénonciateurs, en ce qui
avait trait aux propos séditieux ; aussi ne fut-il
renvoyé en police correctionnelle, malgré le mi-
nistère public qui trouvait n'y avoir lieu à suivre,
que sous la prévention de coups et blessures. Là,
attendu que la loi, pas plus que l'évangile, n'ad-

met les voies de fait , l'agresseur des sieurs Proux
et De Manneville , *vu les circonstances atténuantes*,
fut condamné à trois jours de prison. Quel beau
triomphe pour les deux dénonciateurs !

Qu'ont-ils donc obtenu depuis , pour prix de
tant de bassesse ! ! !

Ils espéraient des honneurs , des titres et des
emplois ,... ils n'ont recueilli que ridicule , honte
et mépris,

RÉPONSE

A LA TROISIÈME LETTRE DU SIEUR PROUX.

Ah ! noble espion , la fleur des drôles,
qui faites ici le bon valet. . . . . . .

BEAUMARCHAIS.

Le public a dû , dans cette dernière lettre , juger
de la bonne foi de notre adversaire , qui , non con-
tent de dénaturer la Bible , dans une épigraphe
parfaitement applicable à sa conduite , ose se plain-
dre que nous n'ayons répondu que par des injures
aux faits qu'il soumettait à notre discussion. Quels
sont ces faits? Sont-ce les lettres? Qu'il lise nos ré-
ponses. Dès lors et depuis , nous n'avons trouvé
dans ses écrits que d'odieuses insinuations que
nous eussions laissé passer comme indignes de réponse, si nous n'avions craint de voir notre silence

mal interprété par des personnes dont nous croyons mériter l'estime.

N'est-ce pas de la part du sieur Proux le comble de la perversité ou de la démence, que de prétendre impunément, à propos de dépositions faites en justice, verser sur nous l'injure et la calomnie, puis d'annoncer, dans la préface de son libelle, que l'honneur et la justice sont de son côté? L'honneur et la justice du côté de M. Proux !!!... Où iraient-ils se cacher !!! Personne n'irait les chercher là.

Qu'on lui pardonne donc d'avoir violé le serment qu'il avait fait de ne plus écrire, puisqu'aucun n'est sacré pour un homme qui, comme lui, s'abaisse au rôle ignoble et flétrissant de dénonciateur. Qu'on lui pardonne encore de se féliciter des taches qu'ont empreintes dans son ame la haine, la vengeance, la cupidité, la délation et la calomnie, puisque dans ces vices qu'il savoure avec délices, il trouve le bonheur et s'en fait une vertu.

Mais ce qui est impardonnable, c'est la prétention qu'a le sieur Proux, en feignant des sentimens étrangers à sa nature, d'obtenir l'estime publique, qu'il n'a et ne peut désormais posséder. En effet, mérite-t-il quelque considération, peut-il inspirer la moindre confiance, a-t-il la conscience pure, le géomètre qui se transforme en délateur, dans l'espoir d'obtenir un emploi public; qui, furieux de son insuccès, s'efforce de diffamer ceux qui, à ses yeux, ont commis le crime de n'avoir pas, commelui, souillé leur conscience, et qui voudrait faire croire qu'il sacrifie à la morale, en distribuant les stigmates de son infamie? Du reste, une telle transformation n'a pas de quoi surprendre; il est tant de gens, dans le siècle où nous sommes, qui se trouvent si bien de quitter la chaîne pour la police. Et pourquoi donc celle-ci, dans l'intérêt de la France, n'a-t-elle pas partout des hommes dévoués, capables, comme M. Proux, de faire de la délation et d'en défendre les suites?

D'après cela, lui appartient-il bien de déprécier la conduite de l'un de nous, comme magistrat, de le qualifier de chef de parti ou de basse coterie? Où est-il donc, et en quoi consiste-t-il ce parti? M. Proux voudrait-il lui faire l'injure de le mettre à la tête de cette coterie dénonciatrice qui le pousse en avant? Il ne voudrait pas s'abaisser jusque-là.

Appartient-il davantage à M. Proux de parler de vie scandaleuse?

Qu'il se rappelle donc, entre autres choses, la cause de ce soufflet féminin qu'il ne reçut avec autant de grâce et de résignation, que parce qu'il craignait d'ajouter au scandale de sa conduite

en effet, si alors il n'eût cherché à renier le rôle d'Appius qu'il avait d'abord jugé nécessaire à sa gloire, qui sait si l'auteur de ce soufflet n'eût été par lui provoqué en duel, lapidé, puis traîné sur les bancs de la police correctionnelle? qui sait jusqu'où serait allé le courroux d'un homme si implacable dans ses vengeances, si prudent à affronter les dangers?

Et d'ailleurs, qu'on ne prenne pas cela pour une conjecture. La même personne n'a-t-elle pas, pour le même fait amené par une autre cause, été traduite en justice par le sieur De Manneville, collègue de dénonciation du sieur Proux? tant il est vrai qu'il y a similitude dans ces deux hommes destinés à recevoir des soufflets; tant il est vrai qu'ils n'ont d'autre courage que celui, heureusement rare, de dénonciateur, et de supporter les coups afin d'en tirer profit.

Il ne fallait rien moins que cette dernière lettre pour nous apprendre que celui qui s'avoue être le seul auteur d'une dénonciation dont il est le signataire, n'est pas un dénonciateur; il ne fallait rien moins pour nous faire connaître que le propos tenu par le sieur De Manneville était prétendu, quand celui-ci ne peut et ne pourrait le nier lui-même.

Cessez donc, M. Proux, de vous évertuer à justifier votre conduite, à éloigner de vous l'épithète de dénonciateur; vous ne pouvez jamais y parvenir; cessez de venir porter la calomnie jusque dans notre foyer domestique, vous nous faites ressouvenir involontairement que Lacenaire, dans sa défense, consentit bien à passer pour assassin, mais voulut toutefois se laver de l'opprobre qui s'attache au calomniateur.

Vous semblez ensuite repousser la comparaison de Thersyte comme seulement applicable à votre physique? Quelle modestie !!! Eh non ! M. Proux : permis à vous de vous croire même un Adonis ; mais vous semblez oublier le moral.. ..... Ce n'était pourtant que de cela que nous voulions vous parler.

Allez ! allez ! M. Proux ; plutôt que d'occuper votre esprit, jadis si aimable, à déverser la calomnie, perfectionnez-vous, à l'école de Vidocq, dans l'art pour vous si délicieux de la délation; vous pourrez, comme dans tout autre, y puiser des moyens d'existence, si l'arpentage ne suffit plus à vos besoins. Mais, entre nous, n'êtes-vous pas assez couvert de honte, assez accablé de mépris ? Eh ! que diable, soyez raisonnable, en voilà plus qu'il n'en faut pour vous assurer une certaine célébrité.

Plus décens, nous, nous tairons de vous plusieurs faits et actes qui se pressent en foule sous notre plume, et qu'il n'appartiendrait qu'au cynisme de la vôtre de retracer ; mais nous avons des égards pour la morale.

Nous abandonnons maintenant au public le soin de décider entre nous et un adversaire que de vils sentimens, sinon la démence, peuvent seuls pousser dans une carrière au bout de laquelle il trouvera la flétrissure qu'il mérite.

BOBÉE , L. FÉRANT.

www.ingramcontent.com/pod-product-compliance
Lightning Source LLC
Chambersburg PA
CBHW061803040426
42447CB00011B/2450